BEI GRIN MACHT SICH IHR WISSEN BEZAHLT

- Wir veröffentlichen Ihre Hausarbeit, Bachelor- und Masterarbeit

- Ihr eigenes eBook und Buch - weltweit in allen wichtigen Shops

- Verdienen Sie an jedem Verkauf

Jetzt bei www.GRIN.com hochladen und kostenlos publizieren

Michael A. Braun

Entwicklungstendenzen in der Internetökonomie

GRIN Verlag

Bibliografische Information der Deutschen Nationalbibliothek:

Die Deutsche Bibliothek verzeichnet diese Publikation in der Deutschen National-
bibliografie; detaillierte bibliografische Daten sind im Internet über http://dnb.d-
nb.de/ abrufbar.

Impressum:

Copyright © 2003 GRIN Verlag GmbH
Druck und Bindung: Books on Demand GmbH, Norderstedt Germany
ISBN: 978-3-640-18432-3

Dieses Buch bei GRIN:

http://www.grin.com/de/e-book/40209/entwicklungstendenzen-in-der-internetoe-
konomie

GRIN - Your knowledge has value

Der GRIN Verlag publiziert seit 1998 wissenschaftliche Arbeiten von Studenten, Hochschullehrern und anderen Akademikern als eBook und gedrucktes Buch. Die Verlagswebsite www.grin.com ist die ideale Plattform zur Veröffentlichung von Hausarbeiten, Abschlussarbeiten, wissenschaftlichen Aufsätzen, Dissertationen und Fachbüchern.

Besuchen Sie uns im Internet:

http://www.grin.com/

http://www.facebook.com/grincom

http://www.twitter.com/grin_com

Entwicklungstendenzen in der Internetökonomie

Kleine Hausarbeit

im Rahmen der Veranstaltung

Managementlehre

im Sommersemester 2003 an der

Hamburger Universität für Wirtschaft und Politik, Hamburg

Verfasser: Michael A. Braun, Knittlingen

Schwerpunkt Volkswirtschaftslehre

Verzeichnisse

Inhaltsverzeichnis

Abkürzungsverzeichnis

Abb.	Abbildung
bspw.	beispielsweise
BW	Business Web(s)
bzw.	beziehungsweise
Hrsg.	Herausgeber
IÖ	Internetökonomie
i.S.	im Sinne
i.S.v.	im Sinne von
kM	kritische Masse
NE	Netzeffekt(e)
NewEc	New Economy
OldEc	Old Economy
o.g.	oben genannt(e/er)
S.	Seite(n)
sog.	sogenannt(e/er)
u.a.	unter anderem / und andere
z.B.	zum Beispiel

Abbildungsverzeichnis[*]   Kapitel

---

[*] Alle Abb. befinden sich im Anhang. Das angegebene Kapitel bezeichnet die erste Nennung im Text.

1   Problemstellung und Gegenstand der Untersuchung

'Der Ausgangspunkt für die besten Unternehmungen liegt oft in kaum wahrnehmbaren Gelegenheiten'. Dies ist die Ansicht des griechischen Philosophen Demosthenes im 5. Jhd. v.Chr. Eine interessante Idee, vor allem wenn man diese mit der Gegenwart verbindet und bedenkt, dass der Internet-Boom Anfang der neunziger Jahre ausschließlich auf 'einmaligen Gelegenheiten' beruhte. Leider sind daraus nun doch nicht die besten Unternehmungen entstanden. Zumindest nicht, wenn man deren Börsenwerte oder Lebensdauer als Maßstab nimmt. Oder doch? Sind die vergangenen Jahre nur ein, zugegeben langes, 'Frühsommergewitter' auf dem Weg zu einem schönen Sommer?

Obgleich sich die Hausarbeit mit Tendenzen in der Internetökonomie (IÖ) befasst, wird diese Frage im Folgenden nicht beantwortet. Wohl kann jedoch die dahinter steckende Theorie praktischen Ansätzen gegenübergestellt werden. Demzufolge ist die Vorgehensweise zweigeteilt. Zum einen werden in Kapitel zwei Grundlagen anschaulich behandelt. U.a. werden dabei wichtige Determinanten dieser neuen Wirtschaftsform vorgestellt. Ferner werden diese dann in Verbindung mit aktuellen Trends und sich daraus ergebenden Chancen gesetzt. Dabei liegt der Schwerpunkt, dem Thema entsprechend, auf einer gesamtwirtschaftlichen Sichtweise. Hiervon lässt sich jedoch leicht auf mikroökonomische Fragen und strategischen Optionen überleiten. Dieser Schritt wird in Kapitel drei mit der klar aufeinander aufbauenden Vorstellung der vermeintlich wichtigsten Strategien für Unternehmungen in der IÖ gemacht. Und abschließend werden im vierten Kapitel beide Teile in 'Perspektiven' kritisch miteinander verbunden.

Vorab kann auf eine Basisannahme nicht oft genug verwiesen werden: Bei der IÖ handelt es sich keinesfalls um eine völlig neue Idee, als vielmehr um die, vermeintlich, sinnvolle Verbindung traditioneller volkswirtschaftlicher Theorie mit jüngst generierten technischen Möglichkeiten. (Lotter, 2000) Dies bedeutet jedoch nicht, die IÖ ist 'neuer Wein in alten Schläuchen'. Vielmehr wird mit etwas gänzlich Anderem gehandelt: Daten, einem Gut, welches sich auch durch Mehrfachnutzung nicht verbraucht (Nichttrivialität im Konsum), stark komprimiert und unbegrenzt dupliziert werden kann. Seine Produktionskosten sind asymmetrisch und werden durch hohe Erstinvestitionen (first copy costs), jedoch gegen Null tendierende variable Kosten (Distribution) bestimmt. Diese Eigenschaften machen die IÖ so reizvoll für die Akteure wie folgende Kapitel zeigen.

2   Begriffliche Abgrenzung und Grundlagen

2.1   Bereiche der Internetökonomie

Wenn vom Wirkungsfeld der IÖ gesprochen wird, so sind damit die verschiedenen TIMES-Bereiche[1] gemeint. Innerhalb dieser kann weiter unterschieden werden: Bspw. lässt sich die Art der Güter in materiell und immateriell (Daten, Information) teilen. Ebenfalls charakteristisch ist, dass es sowohl Unterstützer, als auch Nutzer der Infrastruktur gibt. Erstere liefern alles Notwendige um Geschäfte zu ermöglichen. Letztere verarbeiten und verkaufen digitale Güter mit Hilfe eines elektronischen Markts.[2]

Dies hört sich dem Namen nach zwar neu an, hebt jedoch kein traditionell gültiges Marktgesetz auf. Es wird 'lediglich' der konventionelle Marktbegriff um die Orts- und Zeitunabhängigkeit von Akteuren und Marktzugang erweitert. Allerdings senkt elektronischer Handel (E-Commerce) durch den Einsatz moderner Technik die Transaktionskosten der Marktteilnehmer. Ferner wird der Austausch digitaler Güter erleichtert. Allgemein könnte man somit E-Commerce als eine elektronisch unterstützte Tausch- bzw. Handelstransaktion bezeichnen. Innerhalb dieser wird wiederum, wie in anderen Märkten auch, nach der Art der Marktbeziehungen unterschieden.[3] (Zerdick, 2001)

2.2   Netzeffekte

Ein wesentliches Unterscheidungsmerkmal der IÖ gegenüber der Wirtschaft traditioneller Prägung ist die Nutzung von positiven Externalitäten, den sog. Netzeffekten (NE).[4] Dabei handelt es sich um Situationen, bei denen das Verhalten eines Marktteilnehmers das Wohlergehen der anderen beeinflusst. Metcalfe's Gesetz zur IÖ definiert den Wert eines Netz' (W) proportional zum Quadrat seiner Nutzer (n): $W = n^2 - 2$. (nach Zerdick, 2001) Der Auftritt von NE ändert somit die Mechanismen von Märkten und erfordert einen diesem Phänomen angepassten Umgang unter den Marktteilnehmern. (Wirtz, 2001a) Dabei lassen sich zwei Arten von NE feststellen: direkte und indirekte. Bei ersten steigt der Nutzen durch die aktive Teilnahme am Netz bzw. durch die Verbindung der Teilnehmer. Ein zusätzlicher Teilnehmer verschafft bspw. allen anderen eine weitere Möglichkeit zur Kommunikation. Und dies wiederum erhöht den Nutzen aller. Letz-

---

[1] TIMES = Telekommunikation, Informationstechnologie, Medien, E-Commerce und (digitale) Sicherheit
[2] Das Internet wird als Plattform i.S. eines Marktplatz' genutzt. Dabei nimmt man volle Transparenz an.
[3] Siehe Anhang: Abb. 2-A (Anbieter-Nachfrager-Matrix in der IÖ)
[4] Aus Vereinfachungsgründen wird hier nur auf positive, externe Effekte eingegangen.

tere liegen hingegen vor, wenn sich bereits durch eine Zunahme der Netzgröße Vorteile ergeben. Denkbar sind z.B. Skalen- oder Lerneffekte für Anbieter wie Nachfrager.

Der Effekt auftretender NE wird anhand eines Beispiels deutlich: Ein einziges Telefon ist wertlos. Gibt es zwei sowie zwei Nutzer, so können diese miteinander sprechen. Kommt eine weitere Person hinzu, dann erhöhen sich die Kommunikationsmöglichkeiten aller überproportional. Und dies führt zu hoher, der IÖ inhärenten Kundenbindung.

2.3 New versus Old Economy

Frei formuliert beschreibt New Economy (NewEc) das Wirtschaften in erwähnten TIMES-Bereichen. Dabei dominieren Begriffe wie Geschwindigkeit, Leistung, Wissen und Flexibilität den Sprachgebrauch. Während unter Old Economy (OldEc) alle bisher gültige Arbeitsabläufe, Geschäftsmodelle und Verhaltensweisen ('brick and mortar') verstanden werden. Deren Akteure verfügen jedoch über detaillierte Marktkenntnisse und -macht, haben oftmals langjährige Kundenbeziehungen und genießen das Vertrauen (Marken, Loyalität) der Kunden. Dies muss in der NewEc erst noch aufgebaut werden.

Beide Wirtschaftsgebiete folgen somit in vielerlei Hinsicht unterschiedlichen Denk- bzw. Handlungsansätzen. Es ist jedoch keineswegs davon auszugehen, dass eine Form der anderen überlegen ist. Ganz im Gegenteil geht man allgemein davon aus, dass sich beide ergänzen. (Bain & Co., 2000) Auch Priddat (2002) sieht, trotz vieler durch die Realität eingeholten Illusionen, klare Vorteile der NewEc. Besonders wichtig scheint dabei deren Fokussierung auf Flexibilität und den freien Fluss von Wissen zu sein.

2.4 Globale Trends

Das Phänomen der NewEc und mit ihr der IÖ ist offenbar Teil einer sich verändernden Welt. Diese muss mit den Folgen von Industrialisierung und Globalisierung ebenso umgehen, wie sich auf Demographieveränderungen bzw. Möglichkeiten der Gentechnik einstellen. Und letztlich ist auch der Trend zur Vernetzung eine Herausforderung. Hinzu kommt, dass die IÖ zahlreiche selbst gestellte Aufgaben lösen muss. In der 'Büchse der Pandora' befindet sich u.a. die dadurch stark gestiegene Komplexität menschlichen All-tags. Dies kann zum einen mit Grosch's Gesetz (nach Zerdick, 2001) erklärt werden. Dabei nimmt man an, dass doppelte Kosten eine vierfach höhere Rechenleistung erlauben. Zum anderen besagt Moore's Gesetz (nach Zerdick, 2001), dass sich die Transistorenzahl bei gleichbleibenden Produktionskosten alle 18 Monate verdoppelt. Wolf

(2002) definiert dies als 'eisernes Gesetz des Industriezeitalters: immer mehr zu immer geringeren zu gleich bleibender oder besserer Qualität zu produzieren'. Er zitiert jedoch auch Bell, der den Trend zur Wissensgesellschaft 1973 durch Definition eines 'quartären Sektors' in dem Daten und Informationen zu Wissen veredelt werden, beschrieb.

2.5 Potentiale und Herausforderungen

Diesen Trend bestätigt die, insbesondere für das deutschsprachige Internet gültige, 13. W3B-Studie[5] (Fittkau & Maas, 2002) eindrucksvoll: Über 40% der befragten Internet-Nutzer wollen in ihrem täglichen Leben 'keinesfalls darauf verzichten'. Und für weitere knapp 40% spielt das Internet im täglichen Leben 'eine wichtige Rolle'. Lediglich 1,9% messen diesem 'eine unbedeutende Rolle', 'einen eher negativen Einfluss' oder 'keine Bedeutung' zu. Dem gegenüber nutzen ca. 57% der Befragten das Internet zum Einkauf. Die IÖ hat damit schon heute maßgeblichen Einfluss auf das Leben vieler Menschen.

Das Internet als Grundlage der IÖ führt zur Weitung des Absatzpotentials, jedoch nicht notwendigerweise zu mehr Umsatz. Bedingt durch dessen besondere Möglichkeiten ist eine höhere Kundenorientierung und –bindung möglich. Dies äußert sich aber nicht nur durch neue Angebote (Differenzierung, Individualisierung), sondern auch durch signifikante Einsparungen (geringe Transaktionskosten, Markttransparenz, gesparte Zeit, ...).

Zu Beginn des E-Commerce haben Akteure die im 4C-Net-Business-Modell[6] beschriebenen Geschäftsmodelle in Reinform betrieben. Mittlerweile ist laut Wirtz (2001b) jedoch eine Tendenz zu hybriden Modellen zu beobachten. Dies bedeutet, dass bisher nicht umgesetzte Ideen ergänzend hinzukommen und so die Angebotspalette erweitern. Gründe hierfür sind die Weitung und Unabhängigkeit der Erlösquellen untereinander, mehrdimensionale Kundenbeziehungen sowie Verbundeffekte (economies of scope).

---

[5] Mit über 96.000 beantworteten Fragebogen ist dies die weltweit größte, private Studie zum Thema Internet-Nutzerverhalten. Zeitraum der Befragung: 01.10. – 05.11.01 (W3B bedeutet WWW-Benutzer)
[6] Siehe Anhang: Abb. 2-B (4C-Net-Business-Modell)

3   Tendenzen und Strategien

3.1   Erzielen von Aufmerksamkeit

Aufmerksamkeit ist eine Voraussetzung aktiver Teilnahme an sozialer Kommunikation. Der Begriff kann wie folgt unterschieden werden: Einerseits in 'awareness', also die wachsame Achtsamkeit (Vorsicht) sowie andererseits in 'attention'. Dies bezeichnet die selektive Aufnahme sowie die zielgerichtete Verarbeitung von Information (Interesse). Dabei ist Vorsicht bei allen Menschen stets mehr oder weniger unterbewusst aktiv. Dem gegenüber muss Interesse 'erarbeitet' bzw. 'verdient' werden. Allerdings ist das menschliche Aufmerksamkeitspotenzial physisch und zeitlich limitiert. Dies beugt einer kontinuierlichen Reizüberflutung vor und schont die ebenfalls begrenzt verfügbare kognitive Verarbeitungskapazität. Ziel dieser Einschränkungen ist es, bei einem akuten Ereignis (z.B. bei Gefahr) sofort auf das reservierte Potential zugreifen zu können.

Es kann davon ausgegangen werden, dass Aufmerksamkeit ein wichtiger Faktor in einer Zeit von immer ähnlicheren Angeboten ist. Nur wenn Information auf Interesse (Aufmerksamkeit) trifft, besteht die Chance für verändertes Handeln. Zerdick (2001) geht noch weiter und lässt den Kampf um Aufmerksamkeit zum entscheidenden Wettbewerbsfaktor in der IÖ werden. Hier kommen o.g. Ausführungen zur Geltung: Eine kaum vorstellbare Waren- und Informationsflut (Lotter, 2000) trifft auf die zweifach begrenzt (körperlich, zeitlich) verfügbare Aufmerksamkeitskapazität der Nachfrager. Demzufolge kann Interesse bedenkenlos als knappe Ressource bezeichnet werden. Daraus lässt sich ableiten, dass Aufmerksamkeit benötigende Markttransaktionen strategisch gesehen den Gewinn von Motivation und Zeit interessierter Menschen zum Ziel haben.[7]

3.2   Kritische Masse

Die IÖ ist gegenüber traditionellen Marktformen besonders durch ihren Geschwindigkeitswettbewerb einzigartig. Dies würde mit Hilfe obiger Ausführungen bedeuten, um Aufmerksamkeit zu erhalten ist es notwendig, der sprichwörtliche 'frühe Vogel' zu sein. Das wiederum führt zum Phänomen der kritischen Masse (kM). Hat eine Organisation die Aufmerksamkeit, dann soll diese oft auch auf eine möglichst große Nutzerzahl übertragen werden. Hierfür gibt es zwei einfache Gründe: Einerseits lassen sich mit zuneh-

---

[7] Siehe Anhang: Abb. 3-A (Drei-Ebenen-Modell der Markttransaktion)

mendem Volumen meist Kostenvorteile realisieren (economies of scale). Andererseits kann der Wunsch der Unternehmen nach Profitmaximierung angenommen werden.

In Kapitel zwei wurde auf NE hingewiesen. Um diese stabil zu erreichen, muss ein tragfähiges Netz aufgebaut werden. Es kann davon ausgegangen werden, dass in der IÖ Wert auf die schnelle Verbreitung der angebotenen Produkte bzw. Dienste gelegt wird. (Wirtz, 2001a) Dabei greifen Anbieter meist auf die Strategie 'Follow the free', einer Penetrations- bzw. Preisabschöpfungsstrategie, zurück. Diese basiert auf der speziellen Kostenstruktur digitaler Produkte ebenso wie auf den Auswirkungen von NE. (Zerdick, 2001) Beispiele sind der Acrobat Reader[8] und WinZip.[9] Von beiden kann man kostenlos eine Basisversion erhalten. Weitere Produkte bzw. eine bessere Leistung gibt es hingegen nur kostenpflichtig. Potentielle Nutzer wollen die positiven NE nutzen und nehmen deshalb in steigender Zahl, bei gleichzeitig fallenden Durchschnittsherstellungskosten, an der Entwicklung teil. Der Kreislauf aus Wachstum (kM) und Nutzenzuwachs wiederholt sich und positive Rückkopplung (increasing returns) entsteht.

3.3 Standardsetzung und Lock-In

Nun stellt sich allerdings die Frage, war 'zuerst die Henne oder das Ei da'? Bzw. was bedingt das Erreichen der kM: Das Angebot oder die Nachfrage? Hierauf gibt es verschiedene Antworten. Eine wäre, mit Standardsetzung und Lock-In-Effekten zu argumentieren. Hat eine Organisation den Geschwindigkeitswettbewerb entschieden, so ergeben sich daraus strategische Optionen. Zum einen entscheidet der Erste, also der Schnellste, wie ein Gut, ein Dienst, eine Idee - zumindest vorübergehend - aussieht. Ein Standard (i.S. einer Technik / eines Prozessablaufs) kann etabliert werden. Beispielhaft sei auf die drei weltweit dominierenden Mobilfunkstandards hingewiesen. In Asien, Europa und den USA haben die führenden Anbieter ihre Standards gesetzt. Dies macht die Kommunikation untereinander schwieriger, aber Standardsetzung bietet ein wichtiges Unterscheidungsmerkmal: Wiedererkennung. Wie wichtig dies ist, verdeutlicht ein Beispiel: Es ist anzunehmen, dass viele Personen den Namen des ersten Menschen auf dem Mond nennen können. Fraglich ist, ob diese auch den Namen des zweiten wüssten.

Nimmt man allgemein an, dass dem ersten Anbieter bei Erreichen der kM die Standardsetzung ermöglicht bzw. überlassen wird, so schafft dies ein für Anbieter attraktives

---

[8] Der Acrobat Reader ermöglicht das Lesen von unveränderbaren digitalen Dokumenten.
[9] WinZip komprimiert Daten um Speicherplatz zu sparen bzw. deren Versand zu beschleunigen.

Quasi-Monopol. Warum? Drucker argumentiert (nach Zerdick, 2001), dass kein neues System ein etabliertes ersetzen kann, ohne dieses um mindestens den Faktor zehn zu übertreffen. Er spielt hier auf die Kosten eines System- bzw. Netzwechsels (sunk costs) an. Als Definition von Lock-In könnte man somit formulieren, dass die Wechselkosten höher als der dadurch entstehende Nutzen sind. Und Kosten sind eben nicht nur der Preis des neuen Systems.[10] Hinzu kommen auch die mit dessen Inbetriebnahme entstehenden sowie evtl. durch Qualitätsmängel in der Anfangsphase verursachte Kosten. Außerdem verlieren alle in der Vergangenheit getätigten Investitionen an Wert.

Die Firma Microsoft bietet für alle genannten Phänomene ein gutes Beispiel: Weltweit arbeiten ca. 90% aller Personal Computer deren Betriebssystems 'Windows'. (Eisenach & Lenard, 2001) Dies hängt u.a. damit zusammen, dass das Unternehmen als erstes Aufmerksamkeit erhielt und den Geschwindigkeitswettbewerb gewann. Dies wiederum ermöglichte die Standardsetzung und später Lock-In. Da häufig zusätzlich Anwendungen verkauft werden, profitiert das Unternehmen ebenfalls von den eingangs erwähnten indirekten NE. Es wäre zwar möglich andere Produkte zu verwenden, dies wird jedoch selten getan, da Dateien oft von verschieden Anwendern bearbeitet werden sollen. Und das funktioniert meist nur, wenn beide die selbe Anwendungssoftware nutzen.

3.4 Business Webs

Als neue Wettbewerbsstrategie, nicht nur auf die IÖ beschränkt, kann das Auftreten von Business Webs (BW) gezählt werden. Hierbei handelt es sich um Gruppen von Unternehmen, die unabhängig von einander Teilleistungen erbringen, sich jedoch gegenseitig in der fragmentierten Wertschöpfungskette ergänzen. Dies bedeutet, dass sich die Netzteilnehmer relativ aneinander binden, da Nachfrager erst durch das Gesamtprodukt die gewünschte Problemlösung erhalten. Als verbindendes Element der Mitglieder lässt sich somit eine gemeinsame Grundlage (zentrales Produkt) feststellen. Diese wird von allen akzeptiert und alle Einzelleistungen sind darauf ausgerichtet. Im Prozess der Leistungserstellung müssen die Netzmitglieder jedoch grundsätzlich (i.S.v. hierarchisch) unterschieden werden: Meistens gibt es einen Former (shaper) der das zentrale Produkt steuert, sowie oft mehrere Anpasser (adapter). Diese richten ihre Dienste nach dem Former aus und häufig findet die Weiterentwickelung der Grundlage gemeinsam statt.

---

[10] Siehe Anhang: Abb. 3-B (Arten des Lock-In und entsprechende Wechselkosten)

Trotz eines angenommen höheren Koordinationsaufwands zwischen den Mitgliedern scheinen die Vorteile zu überwiegen. BW konzentrieren sich durch vertikale Integration sowie horizontale Spezialisierung auf ihre Kompetenzen, teilen unternehmerisches Risiko, bieten Flexibilität und ermöglichen Zugang zu sonst verschlossenen Ressourcen. Und je verschiedener die Teilnehmer sind, desto höher erscheint die Netz-Attraktivität.

3.5 Produktdifferenzierung und Individualisierung

Die zunehmende Anwendung von BW führt offenbar zu steigender Marktdynamik und höherer Komplexität. Allerdings will sich nicht jedes Unternehmen auf das sprichwörtliche 'geteilte Leid gleich halbes Leid' einlassen. (Hagel & Armstrong, 1997) Vielmehr scheinen parallel zwei, theoretisch leicht vorstellbare, technisch in dieser Art bisher nicht mögliche Produktdifferenzierungsstrategien Einzug zu halten. Windowing bezeichnet die verzögerte bzw. Mehrfachvermarktung. Hier denke man bspw. an Spielfilme. Diese werden zuerst im Kino, dann auf DVD, später auf Video und Pay-TV und zuletzt mehrfach im Free-TV gezeigt. Versioning hingegen bedeutet eine gestufte Vermarktung nach Inhaltstiefe. Dabei entscheidet man sich für die Version, die den gewünschten Nutzen verschafft. Aufgrund ihrer leicht digitalisierbaren Form eignen sich Informationen besonders gut für diese Vermarktungs- bzw. Preisdifferenzierungsart.

Eine weitere Strategie ist die Individualisierung von Diensten bzw. Kommunikation (Interaktivität). Ziel ist, dass Nutzer ein maßgeschneidertes Gut (mass customization) erhalten und Loyalität aufbauen. In vor-internetökonomischen Zeiten wäre diese Aufgabe Beratern zugefallen. Nun stehen dafür, von leistungsfähigen Datenbanken gestützt, Dialogprogramme und sog. 'Avatare' bereit. Und für gezieltes one-to-one-Marketing orientieren sich die Anbieter an genau definierten und untersuchten Kundengruppen.

Ein Beispiel ist das von einem kollaborativen Filter unterstützte Angebot der Firma Amazon. Der Filter 'betreut' Kunden indem er deren Kauf- bzw. Präferenzmuster erfasst und mit einer möglichst gleich gelagerten Idealgruppe in seiner Datenbank vergleicht. Aufgrund dessen optimiert er Angebote und präsentiert diese in Sekunden auf dem Kundenbildschirm. Somit hat man die Auswahl aus einem vermeintlich passenden - individuellen! - Angebot. Ferner speichert der Filter das reale wie das ideale Kundenprofil um damit die Aussicht auf einen zukünftigen Vertragsabschluss zu steigern.

4   Perspektiven

4.1   Zukünftige Marktstellung

Die IÖ wird durch drei Annahmen geprägt: (1) Sie basiert auf immateriellen Gütern (Daten), (2) sie bedingt die Vernetzung aller Beteiligten und (3) sie ist international. (Zerdick, 2001) Hinzu kommen Dezentralität und das Auftreten von NE. Die Kombination dieser Faktoren wird zur Basis zukünftigen Handelns. Und weil beide verschmelzen und sich ergänzen, spielt es keine Rolle, ob ein Akteur aus der NewEc oder OldEc stammt. Generell wird es jedoch notwendig eine globale Strategie zu haben (BW, NE, Aufmerksamkeit), diese jedoch lokal anzupassen (Individualisierung, Differenzierung).

Nach Abkühlung der ersten Euphorie kann man davon ausgehen, dass sich die IÖ nun auf wirklich marktfähige, sinnvolle Angebote stützt. Auch Unternehmen in den TIMES-Märkten müssen einmal Profit erzielen. Dazu werden Geschäftsmodelle künftig aus mehreren ökonomischen Erlösquellen schöpfen[11] (Wirtz, 2001b) und Anbieter sich auf die Lösung von Problemen und nicht auf das Angebot von Produkten konzentrieren. (Lotter, 2002) Dies wiederum führt laut Zerdick (2001) zu mehr Regionalisierung, gleichzeitig jedoch zu einer Mehrdimensionalität von Kundeninteresse und –loyalität.

4.2   Veränderung der Gesellschaft

Das verwundert nicht: Zum einen treffen Nutzer auf ein 'überwältigendes' Angebot (Internet), zum anderen verfügen sie jedoch nur über begrenzte Aufmerksamkeit. Wie kann man mit diesem Dilemma umgehen? Eine Möglichkeit wäre o.g. Avatare für sich arbeiten zu lassen. Ebenfalls denkbar ist der Einsatz von sog. 'price-robots'. Beide setzen künstliche Intelligenz zur Rationalisierung des Alltags und damit zur individuellen Wohlfahrt ein. Dies muss jedoch nicht immer positiv sein: Indem virtuelle Diener beauftragt werden, wird einer Anonymisierung der Gesellschaft Vorschub geleistet.

Allen Quellen zufolge scheint der Trend jedoch auch zu einer neuen Verbundenheit zu führen. Während soziale Beziehungen früher lokal oder regional geprägt waren, hat sich die Vernetzung mittlerweile über Länder und Kontinente in Richtung weltweit (Globalisierung) verlagert. Offenbar war dies jedoch nur ein Zwischenschritt. Die Menschheit scheint mit Hilfe der IÖ eine neue Dimension zu erreichen – das digitale Zeitalter.

---

[11] Siehe Anhang: Abb. 4-A (Systematik der Erlösformen in der IÖ im B2C-Markt)

4.3 Mögliche Probleme und Hinderungsgründe

Allerdings bietet die IÖ, und besonders das Internet, durchaus auch Anlass zu kritischen Fragen. So sind der Datenschutz sowie der Umgang mit eingangs genannter Komplexität zwei wesentliche 'Knackpunkte'. Während an erstem stetig nachgebessert wird, kann der Informationsflut wohl nur durch 'radikale Einfachheit, Überschaubarkeit und Verständlichkeit begegnet' werden. (Bosshart, 2002) Da Kunden offenbar Orientierung suchen, eröffnet dies eine weitere Chance, den Verkauf einer 'Vereinfachungsleistung'.

Ebenfalls können die der IÖ inhärenten NE kritisch hinterfragt werden. Zum einen treten auch hier irgendwann einmal Wachstumsgrenzen auf. Dann nämlich, wenn alle potentiellen Nutzer dem Netz beigetreten sind. Dabei wird die Entwicklung exponentiellen Wachstums von sinkenden Durchschnittserlösen (fallende Marginalerlöse) begleitet. Zum anderen haben Netze, notwendigerweise, die Tendenz zum natürlichen Monopol.

Des weiteren lässt sich bemängeln, dass die IÖ in erster Linie an 'vernetzte' Menschen gerichtet ist. Nur wenn jemand 'Anschluss hat', können Vorteile direkt genutzt werden. Andernfalls bieten sich jedoch trotzdem zahlreiche indirekte positive Externalitäten. Der BDI (2002) hebt z.B. hervor, dass die Investitionsgüterindustrie das Internet für den Kundendienst nutzt. Somit ist ein Mittel der IÖ Teil industrieller Wertschöpfung geworden und kommt damit ebenfalls Endverbrauchern zugute. Allerdings sind gerade kleine und mittlere Unternehmen noch weit davon entfernt, alle sich bietenden Möglichkeiten angemessen zu nutzen. Dies gilt im Übrigen auch für Teile der Bevölkerung: Man denke hier u.a. an einkommensschwache sowie ältere Menschen. (BDI, 2002)

Dieser Mangel an Partizipation ist allerdings nicht nur auf eine ungenügende technische Ausstattung, Mangel an Angeboten der IÖ oder inakzeptable Preise zurückzuführen, sondern auch auf Skepsis. (Zerdick, 2001) Technikbegeisterte nutzen bereits seit langem die sich durch die IÖ bietenden Vorteile. Dem gegenüber wird der Teil der Bevölkerung der über wenig oder keine Computererfahrung verfügt von o.g. Komplexität oftmals abgeschreckt. Denkbar ist jedoch ebenfalls, dass das Angebot, und damit die Erreichung der kM, für technik-ferne Schichten bisher noch nicht optimal ist. Man denke hier bspw. an Übersichtlichkeit und Funktionalität ebenso wie an Vertrauenswürdigkeit.

Dennoch scheint mit Blick auf die Besonderheiten der IÖ Optimismus angebracht. Und wie schon Demosthenes sagte, liegt der Ausgangspunkt für die besten Unternehmungen oft in kaum wahrnehmbaren Gelegenheiten. Ergreifen wir sie!

Anhang

Quellenverzeichnis

Bücher

Eisenach & Lenard (2001): Eisenach, J. / Lenard, T., *Competition, Innovation and the Microsoft monopoly: Antitrust in the digital marketplace*, 2nd Edition, London u.a., Norwell 2001

Hagel & Armstrong (1997): Hagel, J. / Armstrong, A., *Net gain – expanding markets through virtual communities*, Boston, Harvard Business School Press 1997

Lotter (2000): Lotter, W. / Sommer, C. (Hrsg.), *Neue Wirtschaft – Das Kursbuch für die New Economy*, Stuttgart / München, Deutsche Verlagsanstalt 2000

Zerdick (2001): Zerdick, A. / Picot, A. / Scharpe, K. et al., *Die Internetökonomie – Strategien für die digitale Wirtschaft*, European Communication Council (ECC) Report, 3. erweiterte Auflage, Berlin / Heidelberg, Springer 2001

Beiträge in Zeitschriften

Bosshart (2002): Bosshart, D., Weniger wird mehr: Marketing in der Wunschgesellschaft, in: absatzwirtschaft (2002), Ausgabe 03/05, S. 28 - 33

Lotter (2002): Lotter, W., Alles ist möglich, in: *brandeins* (2002), Ausgabe 03/02, S. 75 - 82

Wirtz (2001a): Wirtz, B. / Lihotzky, N., Internetökonomie, Kundenbindung und Portalstrategien, in: *Die Betriebswirtschaft* (2001), Ausgabe 03/01, S. 285 – 305

Witz (2001b): Wirtz, B. / Loscher, B., ZP-Stichwort: Geschäftsmodelle in der Internetökonomie, in: *Zeitschrift für Planung* (2001), Ausgabe 12, S. 451 - 458

Zeitungsartikel

Priddat (2002): Priddat, B., Wenn Wissen zu Sand wird – Die New Economy war trotz Börsenkrachs ein Erfolg, in: *Die Zeit* (2002) vom 13.06.02, S. 22

Diskussionspapiere und Studien

Bain & Co. (2000): Bain & Company (Hrsg.), *One Economy! – Studie zur E-Business Start-up-Szene in Deutschland*, München, Eigenverlag 2000

BDI (2002): Bundesverband der deutschen Industrie (Hrsg.), *Thesen zur Weiterentwicklung der Aufgabenteilung zwischen Staat und Wirtschaft in der Internetökonomie*, Berlin, Eigenverlag 2002

Fittkau & Maas (2002): Fittkau, S. / Maas, H., *Ergebnisband der W3B-Benutzeranalyse Oktober/November 2001*, Hamburg, Eigenverlag 2002

Abbildungen

		Consumer	Business	Administration
			Nachfrager	
Anbieter	**Consumer**	Consumer-to-Consumer (C2C) EBay, AutoScout24	Consumer-to-Business (C2B) Stepstone, moster.de	Consumer-to-Adminitration (C2A) Wohnungsummeldung
	Business	Business-to-Consumer (B2C) Amazon.de, otto.de	Business-to-Business (B2B) E-Procurement	Business-to-Administration (B2A) USt.-Anmeldung
	Administration	Aministration-to-Consumer (A2C) Anträge auf Leistungen	Administration-to-Business (A2B) Materialbeschaffung	Administration-to-Administration (A2A) Transaktionen

Abbildung 2-A: Anbieter-Nachfrager-Matrix in der IÖ (Zerdick, 2001)

	Content	**Commerce**	**Context**	**Connection**
Definition	Sammlung, Selektion, Systematisierung, Kompilierung und Bereitstellung von Inhalten	Anbahnung, Aushandlung und/oder Abwicklung von Geschäftstransaktionen	Klassifikation und Systematisierung von im Internet verfügbaren Informationen	Herstellung der Möglichkeit eines Informationsaustauschs in Netzwerken
Ziel	Online-Bereitstellung von konsumzentrierten, personalisierten Inhalten	Ergänzung bzw. Substitution traditioneller Transaktionsphasen durch das Internet	Komplexitätsreduktion, Navigation	Schaffung von technologischen, kommerziellen oder kommunikativen Netzverbindungen
Erlöse	Indirekte Erlösmodelle	Transaktionsabhängige, direkte und indirekte Erlösmodelle	Indirekte Erlösmodelle	Direkte und indirekte Erlösmodelle
Beispiel	Financial Times Deutschland, Spiegel Online, mp3.com	Amazon, Dell, eBay	Yahoo!, Lycos, MySimon	AOL, Outpost.com, GMX

Abbildung 2-B: 4C-Net-Business-Modell (Wirtz, 2001a)

Drei-Ebenen-Modell der Markttransaktion		
Ebene	**Transaktionsmedium**	**Knappe Ressource**
Güter	Tausch	Geld
Informationen	Kommunikation	Verständnis / Wissen
Aufmerksamkeit	Massenmedien	Motivation / Zeit

Abbildung 3-A: Drei-Ebenen-Modell der Markttransaktion (Zerdick, 2001)

Art des Lock-In	**Wechselkosten**
Vertragliche Bindung	Schadenersatzforderungen
Investitionen	Ersatz von Investitionsgütern, die durch den Wechsel obsolet werden
Komplementärinvestitionen	Ersatz von Komplementärinvestitionen, die durch den Wechsel obsolet werden
Produkspezifisches Training	Trainingsksoten und Produktivitätsverlust
Informationen und Datenbanken	Datenbankkonvertierung
Spezialisierte Zulieferer	Entwicklung neuer Zulieferer
Such- und Informationskosten	Suchkosten für Anbieter und Nachfrager
Loyalitätsprogramme	Verlust des Benefits aus dem Programm

Abbildung 3-B: Arten des Lock-In und entsprechende Wechselkosten (Wirtz, 2001a)

Commerce-bezogen			**Netz-/ Zugangsbezogen**	
transaktionsabhängig		transaktionsunabhängig	transaktionsabhängig	transaktionsunabhängig
direkt	indirekt	indirekt		
Umsätze	Provision, Click-Through	Bannerwerbung, Vermarktung von Nutzerdaten	Nutzungsgebühren, Verbindungsgebühren, Download-Gebühren	Einrichtungsgebühren, Grundgebühren

Abbildung 4-A: Systematik der Erlösformen der IÖ im B2C-Markt (Wirtz, 2001a)